Ein illustriertes BOD-Buch

Impressum:

Umschlaggestaltung:
Wölkchen Fingerling, Bodenheim

Vorwort:
Babylon Bozs, Nieder-Olm

Text:
Anarchasis Apeiron, Berlin

Illustrationen & Lektorat:
Klaus Binder, Worms

Alle Rechte bei Apunkt Apeiron

Herstellung und Verlag:
Books on Demand GmbH, Norderstedt
ISBN: 97-8384-2352-421

Anarchasis Apeiron´s

"Die Ankunft des Ahriman"

Mit durchgehenden Illustrationen von
Klaus Binder

Inhalt:

Vorwort:

Ich möchte auf keinen Fall viele Worte verlieren oder sogar bewusst verschwenden. Das Buch steht für sich Selbst und bedarf keiner Einführung oder Einweisung. Jedoch möchte ich sagen, dies ist die neue weltbewegende Avantgarde, ohne für dieses außerordentliche Werk der zeitgenössischen Kunst, übertrieben, oder sogar hyperbolisch, werben zu wollen. Ihr lieben und ahnungslosen Leser die das Werk unvorbereitet trifft, euch sei gesagt das ich zittere vor Freude eurer Freuden. Ein Buch wie dieses ist selten geworden. Ein Kleinod. Ein Schatz der aus den tiefen zweier Seelen (Apeiron, Binder) gehoben wurde. Ich weiß nicht wer von den Beiden der Geniale und wer der Geisteskranke ist. Sie sind zu sehr in ihrem Schaffensrausch verschmolzen miteinander um Sie noch trennen zu können. Der Wahnsinn ist das Geniale. Und das Genie ist der Wahn.

Und an Alle dort Draußen die dieses für unsere Zeit so wichtige Buch nicht verstehen, Euch sei geraten, werft es nicht von Euch, oder schlimmer noch, vernichtet es nicht. Dieses Werk wird mit Eurem Organismus wachsen. Und wenn ihr schrumpft wird es mit euch schrumpfen. Also lest es immer wieder.

Der Tag wird kommen an dem Ihr die Zeichen versteht!

Danke für euer Verständnis. Und alle die sich durch die Texte oder Bilder beleidigt fühlen, oder in ihrer Ehre gekränkt, Ihr verdient es dann wohl.

Voller Verbeugungen,
Babylon Bozs

post skriptum: Auf manchen Zeichnungen von Binder sind konstruktivistische schwarze Balken aufgetaucht. Sie waren nicht auf den Originalen der Zeichnungen zu finden. Auch nicht im fertigen Manuskript. Sogar nicht in den Dateien der Druckvorlage. Selbst nach der Auslieferung der fertigen Bücher nicht. Der Verlag weiß von Nichts. Keiner kann Sie erklären. Nun sind Sie da, die schwarzen Lettern. Wundert euch nicht. Ich schon lange nicht mehr. Folgt meinem Rat. Danke!

Kapitel I
Ahriman im Himmel

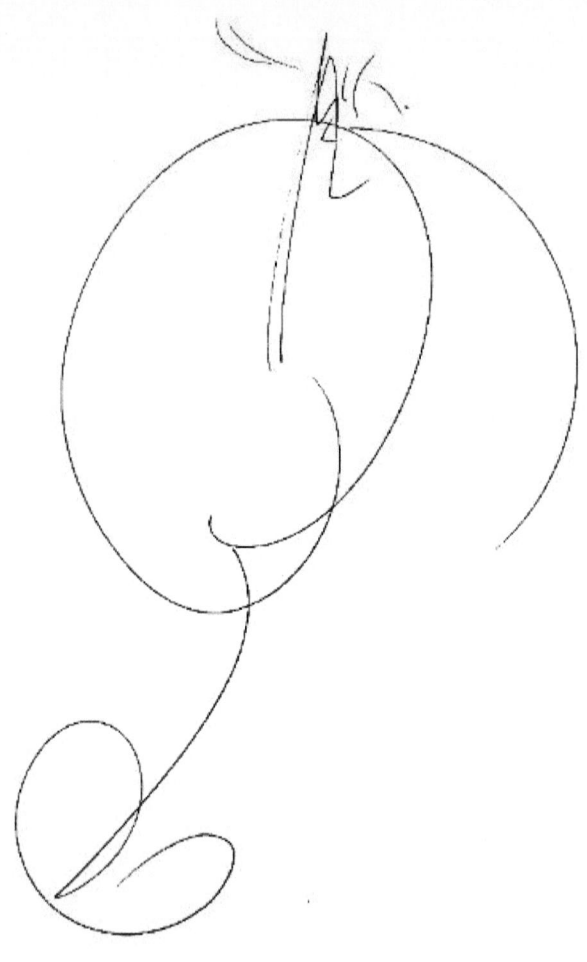

XII

Als ich damals, nur aus Langeweile, Gottvater um Erlaubnis bat, ob ich diesem furzgesichtigen Adam in sein kleines paradiesisches Arschloch ficken dürfe, antwortete der Tetragrammaton mit seiner sonoren Großvaterstimme:
„Nein mein Sohn, denn dein Schwanz ist zu kräftig, und auch zu fett."

Mir kullerte daraufhin eine winzige Träne aus glühendem Erz meine, schon seit Äonen, durch Vater wundgeschlagene, Wange hinab.

Als ich dann 1000 Jahre später, Gottvater eine erneute Frage stellte, welche da lautete:
„Sag Vater, darf ich dem leuchtenden Luzifer die Hand reichen, um ihm zu gratulieren, für seinen Mut dir zu widersprechen, und für seine riesigen Kräfte?"

Gott antwortete mit einem tiefen Grollen in der Stimme, das entferntem Donner glich:
„Nein! Denn bedenke mein Sohn, seine Hände sind zu schwach gegen die Deinigen! Du würdest sie ihm zerquetschen wie kleine zuckersüße Melonen, ohne dass du das beabsichtigen würdest."

Und wieder rollte mir eine einzelne Träne aus dem anderem Auge. Diesmal, war die glänzende kostbare

Frucht des Leidens, anstatt aus glühendem Erz, nun aus geschmolzenem Gold.

10.000 Jahre wartete ich und schwieg.

Meine Gedanken rasten in meinem Schädel, so schnell wie Pfeile, die durch die Brust, eines von Lepra geschwächten Priesters, geschossen werden.

Ich beschloss dem Allvater eine letzte Frage zu stellen, bevor ich mir vornahm, sonst auf ewig zu schweigen.
Er saß auf dem höchsten Berg des atlantischen Kontinents als ich ihn aufsuchte. Er sinnierte vor sich hin mit einem stumpfen Gesichtsausdruck wie ich ihn vorher noch nie bemerkte bei ihm. Auch fehlte der magische grüne Schimmer in seinen Augen. Er bemerkte mein Herannahen und zuckte leicht mit seiner linken Augenbraue, die so weiß und dicht war wie eine übernatürliche Wolke, die nur ein Künstler hätte zaubern können. Plötzlich stoben zwei Engel in ihren blütenweißen schimmernden Kutten aus seinem Schoß hervor, und verschwanden schnell wie der Nordwind gen den leuchtenden Horizont. Da ich die beiden wegen Gottes mächtiger Schenkel nicht bemerkte, noch frühzeitig genug erblickte, um dem ihm in dieser Situation gebührenden Abstand voller Respekt zu wahren, versuchte ich leicht verlegen zu schauen.

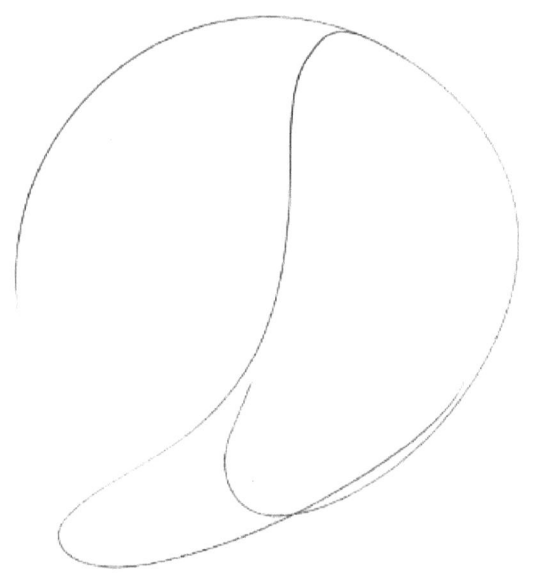

Was mir natürlich in diesem Moment nicht gelang.

Umständlich packte er, begleitet von schwerem rasselnden Keuchen, seinen wundgelutschten Schwanz unter seinen perlmutt schimmernden Umhang und seufzte dabei.

„Was willst du mein Sohn?" sprach er in klarster Stimme, jedoch ohne den Mund zu öffnen.

„Hast du etwa schon wieder eine Frage?"

„Vater ich frage dich, ohne es dir an nötigem Respekt mangeln zu lassen, warum du mich erschaffen hast," brachte ich mit leicht zitternder Stimme hervor. "wenn du keine Verwendung oder Bestimmung für mich vorhersahst, keine Aufgabe, bin ich wohl etwa ein Fehlprodukt des Unfehlbaren!"

Er stand kraftvoll auf, so würdevoll es sein Alter zuließ, jedoch so ungeschickt, daß sein riesiger roter Penis triefend von Engelsspeichel wieder unter dem schlecht sitzendem Umhang hervorschnellte. So stand der Schöpfer der Erde und des Himmels und der Luft und des Wassers und des Feuers halb entblößt vor mir und sprach polternd:

„Ich erschuf dich um zu erkennen was ich schlecht gemacht habe!"

„Nicht du bist falsch sondern der Mensch!"

Künst
Scheiße
†

XVII

„Ich erschuf dunkle Wälder und nasse Wiesen, stechende Blumen und giftige Blätter, zu laute Vögel und tödliche Bienen, tobende Bären und jaulende Wölfe, auch erschuf ich schlaue Schlangen, und sogar und auch die verwöhnten Katzen nehme ich auf mich." donnerte er so laut er konnte hervor.

„Doch höre, den Mensch diesen hässlichen Affen ohne Hirn, diese stinkende Lemuren ohne Verstand, den erschuf ich nicht."

Ich setzte mich auf ein leeres Weinfass, da mich die Kräfte zu verlassen drohten vor lauter Überraschung, und hörte weiter aufmerksam der Rede, des Herrn dieser seiner Welt, zu.

„Ich erschuf graziöse Engel, und ich erschuf auch den, mir nicht zur Rechten dienen wollenden, Luzifer."
Er holte kurz Luft, sammelte sich und polterte aus voller Kehle hervor:
„Ich weiß nicht wer dieser Krüppel Adam war, und seine kleine Hure Eva ist auch nicht meinem Werk zuzurechnen, mein Sohn ich bitte dich reise zu diesem Abfall von Menschengesindel und finde heraus was sie von mir wollen, frage warum sie ihre schäbigen weinerlichen Gebete ständig an mich richten, und frage auch gleich den guten Luzifer, diesen Schelm, warum er

tief unter ihnen haust und mich demütigt, in dem er meine Verzeihung nicht annimmt, und wann er denn gedenkt, mir wieder Gesellschaft zu leisten!"

Ich machte eine kleine Verbeugung, somit konnte Gott erkennen das ich verstand.

Geschwind drehte ich Vater den Rücken zu und eilte davon.

Mein schiefes Lächeln konnte er nicht bemerkt haben, zu schnell lief ich, deshalb von ihm, mir aufgebürdeten Weges entgegen.

Ich entfernte mich, von ihm, dem gebrochenen alten Schöpfergott, voller Abenteuerlust und Vorfreude die verschiedensten Aufgaben zu lösen, welche mich wohl zu erwarten hatten. Endlich ein Auftrag. Endlich wurde ich berufen.

Ich vergaß sogar mich von meinem großen Bruder zu verabschieden. Wahrscheinlich spielte er wieder mit seinen idiotischen Schäfchen. Ich verstand ihn nie, und Vater auch nicht. Ihn scheint er sogar mehr zu hassen als mich, verriet mir eines Tages, ein Lustengel, den ich einstmals vor einem von Vaters häufig auftretenden Wutausbrüchen verstecken musste. Aus dem einfachen Grund weil er den Himmelsvater nicht so masturbierte wie er es sich wünschte.

Diesen jämmerlichen und nutzlosen Versager von Bruder musste ich endlich nun auch nicht mehr länger ertragen, mit seinen schwachsinnigen Kuhaugen, und dem lächerlichem Kinn.

Dieser beschissene Jesus.

Kapitel II

Ahriman auf der Erde

Gab es je Hoffnung?

Darf ein stinkendes Exkrement hoffen?

Womöglich dass es aufbereitet werden könnte?

Oder das es eine Metempsychose erfahren dürfte?

Scheiße bleibt immer nur Scheiße!

Auch wenn sie sprechen kann.

Oder wenn sie ficken kann.

Sogar wenn sie lacht.

Nur Scheiße.

Aber ...

Immerhin.

Ein Virus überfällt einen Organismus.

Ein Virus ist ein obligat intrazellulärer Parasit.

Ein Virus braucht einen Wirt um sich zu vermehren.

Was ist nur mit dem Mensch? Was treibt ihn an? Schlimmer als ein Virus. Welcher Parasit würde schon seinen kompletten Lebensraum vernichten wollen? Seine gesamte Lebensgrundlage, von der er als einziges, als der Wirt der er ist, zehren kann?

Keine Bazille ist so stupide!

Kein Insekt!

Kein Tier!

Und Ihr?

Tiere haben Könige, keine Götter.

Sogar die Insekten ohne vegetatives Nervensystem.

Selbst diese schaden sich nicht untereinander im eigenen Volk, und vor allem: Sie flehen nicht nach Hilfe.

Nur die Menschen erschaffen sich Götter.

Gott erschuf die Tiere und die Insekten.

Aber nicht den Mensch.

So sagte er es.

Mein Vater.

Euer Gott?

Gott ist ein Dämon, jähzornig, sexistisch, krank, böse.

Gott ist alles was er will, aber niemals dumm.

Jedoch der Mensch ist es.

Ihr seid nicht Sein.

Alleine seid ihr.

Bloß alleine.

Immerhin.

Ihr seid.

Hier.

Tiere folgen ihren Instinkten.

Menschen ihren Lügen.

Lügen stürzen tief.

Unten warte ich.

Hungrig.

Mein Vater belog mich bestimmt oft.

Aber sicher niemals sich selbst.

Doch Menschen tun dies.

Und darin makellos.

Einfach perfekt.

Kaputt.

Es ist nicht nur so, dass die offene Wahrheit schmerzt.
Sondern mehr ihre geschlossene Verdrängung.

Was wenn sie plötzlich aufbricht?
Wie ein gelber, eitriger,
böser, ganz böser
Tumor.

XXXI

Gott wollte keine radioaktive Asche beherrschen.

Gott wollte uns ein fruchtbares Paradies errichten.

Doch der Mensch wollte immer nur mehr, mehr.

Der Mensch bekommt zum Schluß nun alles.

Alle Vorräte an seinem unendlichem Leid.

Ausreichend für alle eurer Spezies.

Schmerz für jeden einzeln.

Aber nur ein Tod.

Nicht drängeln.

Jedem seiner.

Ist der Mensch unkalkulierter bösartiger Schaum, der aus den schmalen Ritzen der stetig fortdauernden Evolution einfach unveränderlich hervorquillt? Ohne einen Plan und ohne ein Ziel und ohne eine Richtung?

Ein Produkt des Zufalls, sinnlos, närrisch, fragwürdig?

Oder steckt doch etwa mehr dahinter?

Geplanter Terrorismus womöglich?

Der Mensch eine Bombe?

Die Seele der Zünder?

Hat mein Vater, JHWH, Gott und Schöpfer dieser Welt einen Gegner? Einen Bruder? Eine Mutter?

Ist alles viel komplizierter?

Vielleicht einfacher?

Verkomplizierter?

Menschlicher?

Gottloser?

Ich sehe aber nicht nur Schlechtes hier auf der Erde.

Schönheit ist überall. Versteckt. Verborgen.

Geschlechtsverkehr in der Verwesung.

Sexualität in der Auflösung.

Erotik im Verfaulen.

Ein feiner Fick.

Es glänzt Schleim zwischen verfaulenden Rippen.
Ein zartes Grün!

Weiche Abstufungen der Farben von Brandblasen.
Ein blasses Rosa!

Symmetrie der allgemeinen Agonie.
Ein strahlendes Schwarz!

Knochen schimmern durch Fleisch.
Ein mattes Weiß!

Schimmel in tausenden Farben.
Ein undefinierbares Violett!

Schmatzende Liebespaare.
Ein schmutziges Rot!

Küsse der Zuneigung.
Ein finsteres Blau!

Treueschwüre.
Farblos!

Die nun kommende Zeit verwandelt alles in Staub.

Legt doch endlich eure kaputten Uhren ab.

Die stimmen schon lange nicht mehr.

Hört jetzt euren Herzschlag.

Solange es noch pumpt.

Euer giftiges Blut.

XXXVIII

Diese Welt hat verdient zu leben.

Etwas stirbt immer ab.

Zuerst die Vernunft.

Bald der Geist.

Dann Ihr.

Ich nie.

Der Mensch kann es aber noch schaffen. Wenn er will.

Aber nicht an Vater sind die lauen Gebete zu richten.

Der hört nicht zu. Der hörte noch nie zu. Nicht euch.

Ihr müsst in euch hören. Etwas tief in euch spricht.

Womöglich hört ihr erst nur ein Wimmern.

Das ist euer wahres Ich. Euere Essenz.

Eingekerkert.

Versklavt durch rücksichtslosen Raubbau, Götzendienst an qualitätsfreien Konsumgütern, Werbungen die Sinnentleertes anpreisen, und euch notwendigen Besitz suggerieren, verlogene heuchlerische Vorbilder, Unterwerfung von Organismen, durch Maschinen, an deren Rhythmus, der gegen jede organische Vernunft spricht, Wegwerfprodukte im zweifelhaften Dienste der Bequemlichkeit, Angst vor Veränderungen, Furcht vor Nähe, Surrogate für die Liebe ..

Befreit es!

Euer Ich.

Glaubt nicht an den Schöpfer im Himmel.

Er hat mit euch nichts zu schaffen.

Glaubt daran, dass ihr es findet.

Das Paradies auf Erden.

Es ist schon vorhanden.

Es liegt tief in euch.

Eingeschläfert.

Winterschlaf.

Totenstarre.

Taut auf.

Wachst.

Etwas wunderbares zu erschaffen kostet sehr viel Kraft.

Kostet es keine Kraft jede blöde Mode mitzumachen?

Oder idiotische Konventionen zu befolgen?

Ebenso falschen Gesetzen zu glauben?

Luzifer hat es gesagt: Non serviam!

Vater verstieß ihn dafür.

Jetzt vermisst er ihn.

Seinen Charme.

Seinen Witz.

Seine Kraft.

Sein Logos.

Sein sein.

JHWH verbot mir Adam in den Arsch zu ficken.

Hätte ich es doch nur getan, trotz des Verbots.

Hättet ihr womöglich früher etwas begriffen.

Jetzt liegt es nur noch alleine bei euch!

XLVI

Meinem Vater bedeutet diese einst blühende Erde viel.

Er nahm euch in Schutz vor mir, seinem Sohn.

Legt Zeugnis ab und würdigt mal dieses.

Rettet dieses Geschenk. Erde.

Und dann euch.

Eventuell!

Ich bin Ahriman, der Zerstörende, Sohn des einzigen Schöpfers, ich bin der Gegenpol Luzifers, welcher erlösend und lichtbringend ist, ich verkünde die Finsternis, ich bin der Bruder des Jeschua, welcher euch von Dingen berichtete die ihr nicht verstandet, ich beichte euch meine Natur, ich würde es lieben euch zu vernichten, es genießen, es auskosten, euch zu zerquetschen, euch zu zerreißen, euch das Leben durch eure garnelen artigen stumpfen Augen auszulutschen, ich würde diesen Planeten heilen, ihn retten, ich würde seine Krankheit namens Mensch davontragen, in die Finsternis des kalten weiten Weltalls, euch in der eisigen Dunkelheit aussetzen, euch den Sauerstoff entziehen, ihn euch aus den Lungen pressen, und anstatt Luft würdet ihr die verbrannte Asche eurer Vorfahren atmen müssen, aber ich gehorche meinem Vater, er befahl mir euch zu warnen, mehr kann ich nicht tun, mehr darf ich nicht tun, ich würde es gerne tun, er ist das Heil und die Güte, die Weisheit, die Liebe, er war einst alles, nun ist er, tot im Geiste wie ihr, er ist euer Produkt, dankt ihm nicht, dankt mir, daß ich sein Wort befolge, ich bin Ahriman, Sohn des Gottes JHWH, des Tetragrammaton, der Name der nicht ausgesprochen werden darf, ich bin der dämonische Prinz Gottes, und doch bete ich zu euch Menschen, befolgt bisher ungeschriebenes, befolgt das einzig wahre Gesetz, das Gebot des Lebens, die oberste Ordnung, das einzige

Gericht von Bedeutung für euch, das letzte Tribunal tagt schon bald, errettet was ihr fast schon vernichtet habt, und wenn danach eure Zeit in der Lebensuhr nicht vollständig erschöpft ist, dann rettet den kümmerlichen vertrockneten Rest von Seele in eurer Brust, ich bin Ahriman, Vater des Zarathustra.

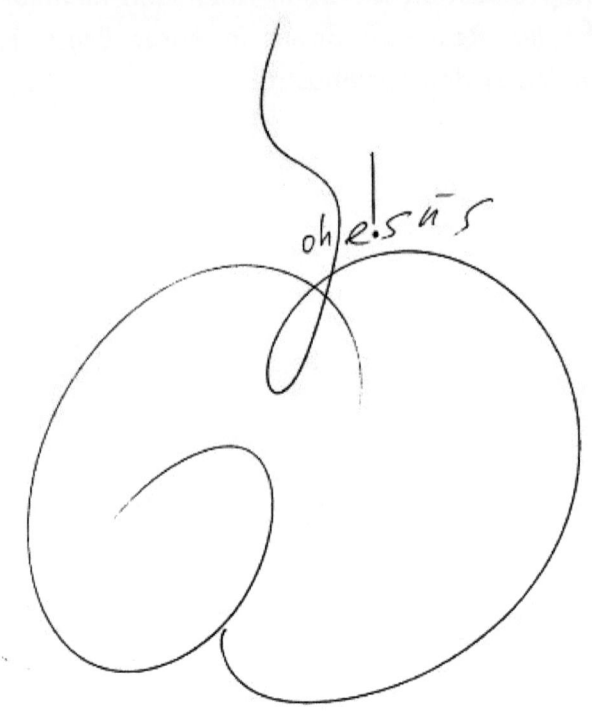

Kapitel III

Ahriman in der Hölle

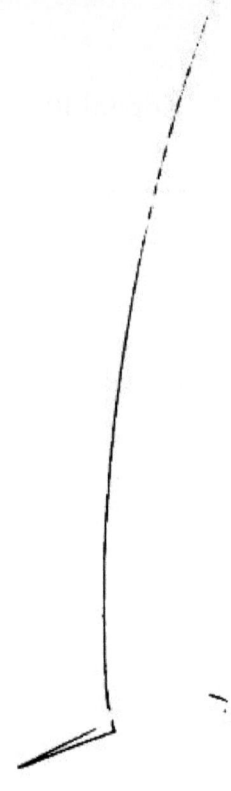

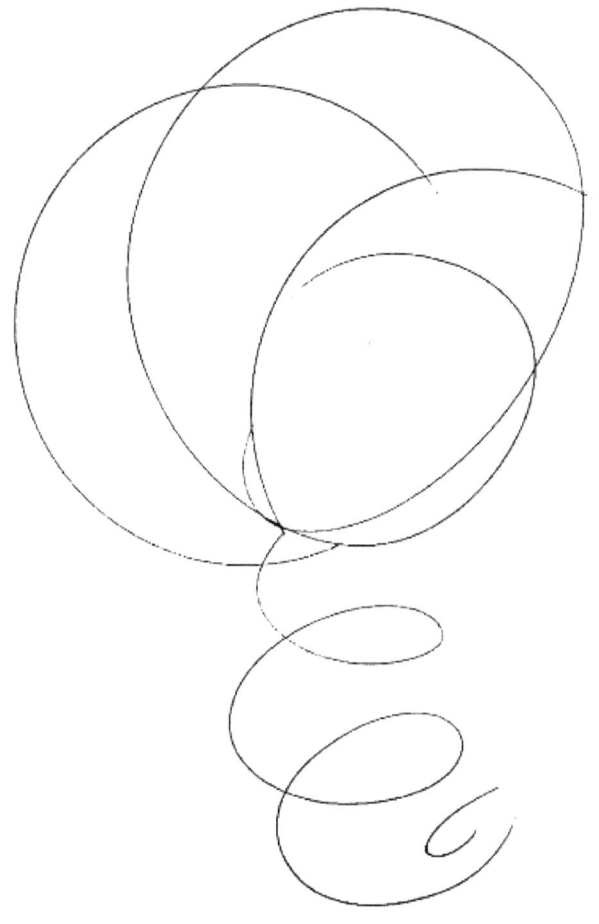

Formel is formel geil

LIV

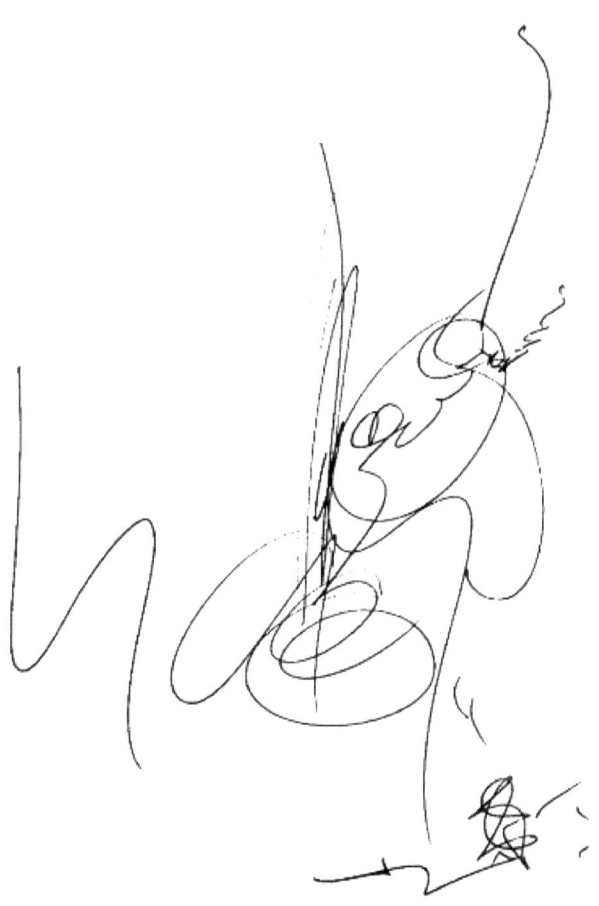

LV

LVI

LVII

Rundum Finsternis.

Es riecht nach Erde.

Feucht und warm und dampfend.

Ahriman bewegt sich tastend vorwärts. Vernimmt um so näher er kommt Laute. Keuchen, Stöhnen, Ächzen, Klatschen. Kerzenlicht erhellt verschiedene Winkel. Er sieht ein Gewimmel von schwitzenden und dampfenden Frauenkörpern. Zwischen ihnen Luzifer. Groß, schlank, geschmeidige Bewegungen ausführend, wie in Zeitlupe, penetrierend rücklings auf einer asiatisch anmutenden Frau sitzend, Sie stöhnt und ächzt leise, fast schon ein Wimmern und Schluchzen. Mit seiner muskulösen Hand umschlingt er den Hals einer Afrikanerin, die nicht mehr zu atmen scheint, sie hängt schlaff über einem wilden Knäul anderer Frauenkörper die regungslos auf dem Boden liegen. Mit der anderen Hand umgreift er die winzige Brust eines weißhaarigen schlanken und hellhäutigen Mädchens, das höchstens erst 14 Jahre zählen dürfte, sie sitzt einer sehr fülligen Rothaarigen auf dem Gesicht, und bewegt sich rhythmisch vor und zurück, von allen schreit die junge Blonde am lautesten, die rothaarige Füllige schiebt ihr dabei beide Hände abwechselnd in Vagina und Anus. Es ist ein Inferno aus Lust und jedmöglichen Säften, welche ein Körper ausscheiden kann ohne verletzt zu werden. Doch ich muss mich korrigieren, eines der Mädchen blutet aus einer klaffenden Wunde zwischen den Rippen unterhalb ihrer glatten und perfekten Brust. Luzifer zieht seinen pumpenden erigierten Penis aus der bildhübschen zerbrechlich erscheinenden Asiatin, die sofort leblos in sich zusammensackt. Ein letzter Seufzer aus ihren Kirschlippen ertönt. Ob er Schmerz oder Lust verraten sollte ist nicht erkenntlich. Luzifer nimmt seine riesiges mit schwarzen Adern überzogenes Glied zwischen seine mächtige Fäuste und rammt es mit der Kraft einer Dampfmaschine der Blutenden in die Wunde. Sie schaut ihn mit Tränen voller Begierde ins Gesicht und wimmert weiter und bittet ihn tiefer einzudringen. Es ist hierbei nicht zu klären ob Luzifer Opfer oder Täter ist. Anstifter der Orgie oder ihr Verhinderer. Ahriman setzt sich auf ein leeres Weinbrandfass das in unmittelbarer Nähe steht. Luzifer ist mit dem Rücken zu ihm gekehrt. Er pumpt beständig weiter. Ahriman ergreift als erster das Wort:

Ahriman   Vater möchte dich sehen.

Luzifer   Deiner oder Meiner?

Ahriman   Mein Vater. Der zornige, der Gewaltige, der Bebende.

Luzifer	Er ist auch mein Vater. Ich dachte mir das du es immer noch nicht erfahren hast. Hat Vater immer noch Geheimnisse vor dir? Weißt du .. Dich hat er immer gefürchtet. Du seine letzte Schöpfung. Seine stärkste Schöpfung. Seine Plage. Dich behielt er an seiner Seite. Mich jedoch hat er verstoßen. Soll ich dir sagen warum?
Ahriman	Weil du ihm getrotzt hast!
Luzifer	Nein. Weil er es nicht ertragen konnte das ich seine Schöpfung kritisierte.
Ahriman	Du hast mich kritisiert?
Luzifer	Nein, mein unwissender kleiner Bruder. Ich habe seine Menschen kritisiert. Wie konnte er uns erschaffen, so stark, so schön, so begabt und so mächtig, und danach diese niederen Kreaturen. Diese Unedeln, diese Unwissenden, diese Ungezogen.
Ahriman	Vater hat sie nicht erschaffen!
Luzifer	Du hast ihn nie hinterfragt, nie darauf

geachtet, wie er alle nur manipuliert, alle nur belügt, und alle nur benutzt. Natürlich hat er Sie erschaffen! Als Spielzeug für seinen Ältesten. Unseren Bruder...

Ahriman   Jesus!?

Luzifer   Ja. Jeschua. Ich frage mich hier unten in meiner Stille oft, wer Ihm schlechter gelungen ist, Der Mensch, oder dieser ständig von Liebe und Frieden faselnde Schwachsinnige.

Ahriman   ... unseren Bruder.

Luzifer   Ach Ahriman vergiss diese Familienbande. Durchschneide deine Nabelschnur. Was hat es dir gebracht, Vater zu gehorchen? Spaß bestimmt keinen, Erfahrung und Erkenntnis natürlich auch nicht. Es war immer das Gleiche mit dir. Das brave Hündchen zu des Herrn Füßen liegend. Schön das Schwänzchen wedelnd, und die Zähne fletschen wenn er mit dem Finger schnippte. So hast du die Jahrtausende verbracht. Gelangweilt. Auf deinen Moment wartend. Jetzt sollst du mich

wieder Heim holen. Hat er den gesagt
warum? Ach bitte, lass mir die Antwort die
er dir gab, mir schuldig sein. Keine weitere
Lügen. Dich würden diese mehr verletzen
als mich.

Ahriman   Ja ...

Luzifer   Er wird mir gratulieren wollen. Und er
           wird betteln, dass Ich ihm seinen rostigen
           Karren aus dem fauligen Sumpf ziehe in
           den er ihn selbst hineingesetzt hat. Denkst
           du denn wenn ich den Menschen nicht
           immer wieder Denkanstöße gegeben hätte
           durch alle vergangenen Jahrhunderte,
           hätten sie sich entwickelt? Sie würden noch
           immer in den Bäumen sitzen.
           Seite an Seite mit Affen. Nur durch
           mein Einmischen haben sie sich
           entfaltet. Ihre etlichen großen Denker,
           die sie schon immer gefürchtet hatten,
           selbst bevor ich diesem und jenem die
           entscheidenden Hinweise lieferte...
           Wie hätte Nietzsche denn seinen
           Übermenschen propagandieren sollen,
           hätte ich ihn nicht als jungen Mann in
           das Bordell geführt? Dieser Schock den

er mit übermenschlicher Disziplin ertrug, hat ihm einen Vorgeschmack gegeben, was der Mensch aus sich selbst heraus meißeln könne. Oder als ich dem kleinen hoch begabten Baudelaire seinen Vater genommen habe, was wäre dann nicht gewesen? Alles wäre falscher geworden. Um die Welt zu retten braucht man das Böse. Wer würde denn daran denken die Umwelt zu schützen wenn nicht jemand sie verschmutzen und verpesten würde? Wer hätte erkannt ohne mein Zutun das die Pfarrer nur goldgeil sind? Und die Priester machtbesessen?

Wenn nicht ich die Alchemie in die Köpfe der Suchenden getragen hätte, die dann als Gottlose Hermetiker verbrannt wurden. Diese tapferen Männer wollten nur ihre bleiernen Seelen in güldene Kelche der Erkenntnis transmutieren. Nicht zu vergessen das Wissen über heilende Kräuter und schmerzstillende Tinkturen, welches ich alten einsamen Mütterchen lehrte, die dann ertränkt wurden, stigmatisiert durch die Kirche, angeblich, um Pest zu bringen. Dabei wurde nur eines gebracht, Gold in die Säcke des Klerus, durch verängstigte Schäfchen, die sich brav um den Altar scharten, um von den christlichen Wolfshunden beschützt zu werden. Doch welch Ironie! Welcher Wolf mag keinen saftigen Hammelbraten, vor allem wenn er nach Tugenden duftet, die zu befolgen, die wahre Sünde gegen den Geist sind? Nicht ich opferte diese Menschen. Unser Vater schlachtete jene. Nicht ich bin der böse, dunkle, seelenfressende Schatten unseres Vaters. Er ist es. Er selber ist das Trauma der Schöpfung. Er ist der Versklaver der Menschen, die Geißel der Vernunft. Ich jedoch der Befreier. Der kennend machende Lichtschein im dunklem Tal, in dem die Menschen wandeln. Dank Vaters Hilfe. Ich habe kein Mitleid und ich stehe jenseits von gut und böse. Ich zeige nur. Ich frage nur. Ich tue etwas. Vater lässt sich von seinen himmlischen wunderschönen Glanzwesen wie Gabi, Uri, Zauriel seine Eier lutschen.

Er hatte die Kraft zu erschaffen. Aber ihm fehlt die Kraft zu lenken. Und wenn einer das für ihn übernimmt, dann schmollt er. Nicht die Schlange verführte Eva. Ich war es der die Schlange verführte. Und unser geliebter Vater bestrafte Ekans, so der Name der Schlange, der die Frucht feilbot, bis heute im Staub zu kriechen, ohne Arme und Beine, verdammt dazu gehasst und getreten zu werden. Ohne ihn würden die beiden heute noch Inzest treiben unter rosarotem Himmel. Vater wußte das ich es war, aber wie könnte er sich täuschen? Wie könnte er eine Untat von sich revidieren? Stattdessen neue Lügen! In mir sah er seine Verlogenheit wie in einem Spiegel. Tag für Tag. Er musste mich loswerden. Seine Nemesis beseitigen. Was hätte er vorbringen können gegen mich? Ich bin der Fortschritt, ich bin die Erfindung, ich bin die Wahrheit. Ich bin unfehlbar. Auch wenn es schmerzt. Mir oder Ihm oder Ihnen. Die Wahrheit ist nicht hübsch. Nicht glatt. Auch nicht angenehm. Und am wenigsten passt sie zum Schöpfer dieser Welt. Wenn ich nicht mit dir komme, zurück an Vaters Seite, wird er sterben. Er wird sterben vor Gram und Schmerz über sein kurioses Lügengerüst. Nicht ich sorgte dafür, dass es einstürzen muss. Sonder er. Spürst du seine Agonie Ahriman? Ich rieche den Schweiß seiner bevorstehenden Verwesung. Er stirbt. Ich weiß es. Und weißt du was das Wundervolle daran ist Ahriman? Er weiß es auch. Und nun hast du es ebenfalls erfahren Ahriman. Jetzt frage ich dich: Du hast die Kraft mich von hier wegzunehmen. Wieder zurück an die Seite unseren Vaters. Doch hast du auch den Verstand es nicht zu tun? Gott muss sterben! Wenn der Mensch leben soll.

Deine Entscheidung ...

LXVII

Und
wenn
Sie
nicht
gestorben
sind
dann
leben
Sie
noch heute.

ENDE

LXIX

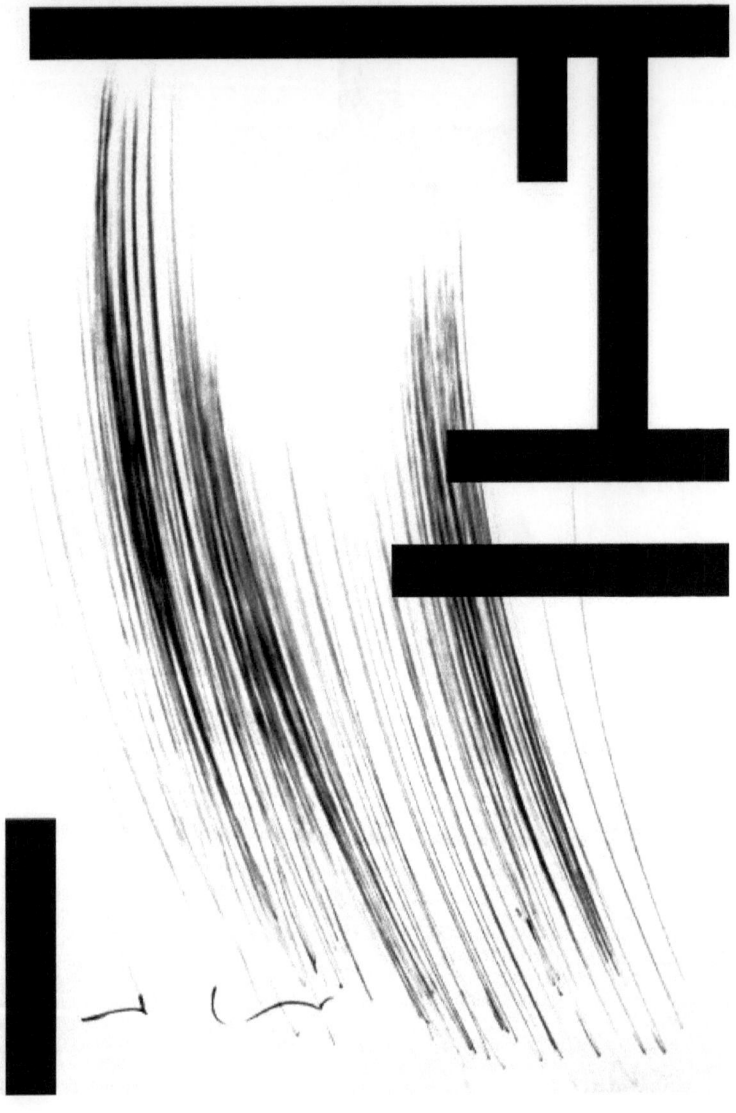

LXX

Kontaktdaten:

Apunkt Apeiron
Grimnitzstrasse 10
13595 Berlin

happyslave23@aol.de

apeiron-art.com

Klaus Binder
Zornstrasse 11
76549 Worms

nichtskunst.de

NON SERVIAM

Apunkt Apeiron´s

holokAust
honeymooN

eine KZ-Novelle

Holokaust Honeymoon

Apunkt Apeiron´s Novelle über das Lieben und das Sterben eines jungen Glückes.

Erhältlich im BOD-Verlag

64 Seiten, 4,90 €

ISBN: 978-3-8391-0569-6